AF303403

Die Post-Geld-Gesellschaft
Eine Vision

Von Kris Vinzent

Zweite, überarbeitete Auflage

.

*Die Aufgabe der Dichter besteht darin, für andere
in Worten die wunderbaren Visionen zu malen,
die ihnen in stillen Nächten im tiefen See der
archetypischen Bilder des Lebens zuteil werden.*

Bibliografische Information der Deutschen Nationalbibliothek:
Die Deutsche Nationalbibliothek verzeichnet diese Publikation
in der Deutschen Nationalbibliothek; detaillierte bibliografische
Daten sind im Internet über
www.dnb.dnb.de abrufbar.

Die Post-Geld-Gesellschaft – Eine Vision

© Kris Vinzent 2023
2., überarbeitete Auflage, 20. August 2023
ISBN-Nr. 9783755736141
Herstellung und Verlag:
BoD - Books on Demand, Norderstedt

Dieses Buch wendet sich an alle Menschen. Für die bessere
Lesbarkeit nutzt es das generische Maskulinum. Dass auch
alle Frauen und Diverse damit gemeint sind, versteht sich
von selbst.

Mit der o.g. ISBN-Nummer ist dieses Buch überall im Buchhan-
del erhältlich, auch unter www.bod.de

Zu diesem Buch

Als 2020 Corona über die Welt hereinbrach und vielen Menschen auch existenzielle Nöte bescherte, fiel mir eine bestehende Idee ein und ich dachte oft: Gütiger Himmel – würden wir das so angehen, bräuchte niemand um seine Existenz zu fürchten... Diese Vorstellung ließ mich nicht mehr los und ich begann, sie in Form eines Buches auszuarbeiten. Je mehr ich mich damit beschäftigte, desto überraschendere Perspektiven entdeckte ich. Eine Vision? Eine Utopie? Durchaus. Manchmal muss man sich trauen, auch „groß" zu denken.

Denn die weltweiten Probleme sind ja mitnichten gelöst. Kaum dachte man, die Coronakrise sei weitgehend gemeistert, führte der Angriffskrieg Russlands auf die Ukraine zur nächsten, der Energiekrise, sowie viele andere Probleme. Von den schon existierenden Nöten und Konflikten überall ganz zu schweigen.

In Bezug auf das Klima ist dies nun zwar eine Gelegenheit, hierzulande Nägel mit Köpfen zu machen und aus der Not eine Tugend. Aber auch hier stellt sich allerorts die Frage: Wer soll, ja, wer kann das bezahlen? Viele können es nicht. Jemand mit bescheidenem Einkommen kann auch mit 50 % oder 70 % Förderung nichts anfangen, wenn dann noch immer viele tausende Euro zu bezahlen sind. Üblicherweise hat er solche Summen eben nicht auf der hohen Kante. In was also soll das Ganze münden? In eine massive Zunahme von Obdachlosen und leerstehenden Häusern? Können wir uns das leisten, wollen wir das wirklich? Denkt das jemand konkret fertig? Höre ich Politiker reden, habe ich zuweilen den Eindruck, leider nein.

Wenn wir also schon dabei sind, Krisen zu nutzen, – könnten wir nicht auch unser gesamtes Gesellschaftsverständnis *by the way* auf eine ganz andere, gerechtere Basis stellen?

Probleme zu identifizieren und zu kritisieren, ist eine Sache, Ideen zu ihrer Lösung eine andere. In diesem Buch lade ich ein zu einer möglichen Alternative zum bestehenden System.

Inhaltsverzeichnis

Vorstellung

Post-Geld-Gesellschaft – was soll das heißen?

Sollen wir etwa alle ohne Geld leben? Kein Geld zu haben, heißt doch Armut! Und arm sein will niemand.

Wie also soll das gehen, OHNE Armut erleiden zu müssen – tun wir dafür so, als wären wir wieder urzeitliche Tauschgesellschaften?

Nein, ganz im Gegenteil.

Wir versuchen etwas ganz Neues!

Damit und mit dem langfristigen Ausblick, der sich daraus ergeben könnte, beschäftigt sich der erste Teil des Buches (bis Seite 35). Zusätzlich anerkannte „Leistungen" als Basis für die Umsetzung der Vision definiert der zweite Teil etwas genauer. Im Anschluss daran folgen Reflexionen zu Vorteilen und zu Fragen, die sich stellen, sowie das Schlusswort.

Die Idee an sich verlässt bekannte Dimensionen von „Tausch". Ich hoffe, sie regt zumindest dazu an, beim Ersinnen nachhaltiger, für alle hilfreiche Lösungen ebenso über unseren bisherigen „Tellerrand" zu denken.

Einstein sagte, es sei absurd, Probleme wiederholt mit Methoden lösen zu wollen, die sich als unwirksam erwiesen haben. Probleme haben wir genug und sehen uns stets erneut außerstande, sie nachhaltig mit dem bisherigen Mittel lösen zu können, dem Geld und dem Tausch an sich. Daher: Auf zu einer „neuen" Idee!

Lasst euch etwas Zeit beim Lesen und Nachdenken.

Was ist Leistung?

Heutzutage leben wir in einer Meritokratie, also einer Gesellschaftsform, wo viele manches damit rechtfertigen, dass jemand wohl etwas „verdient" hat, im positiven wie im negativen Sinn.

Das führt zu interessanten Konstellationen.

Ein Unternehmer, der z. B. eine 60+ Stundenwoche hat, ist der Meinung, aufgrund seiner Leistung sei es absolut gerechtfertigt, dass er wohlhabend oder gar reich ist. Wie viele Stunden arbeiten viele Fabrikarbeiter in so genannten Billiglohnländern und leben am Existenzminimum? Studenten aus nicht wohlhabenden Familien arbeiten neben ihrem Studium in oftmals prekären Jobs für ihren Lebensunterhalt. Auszubildende wenden neben ihrem Vollzeitjob zusätzliche Lernzeit auf. Wie viele Stunden leisten Eltern und pflegende Angehörige? Was geschähe ohne das viele freiwillige Ehrenamt hier in der Gesellschaft? Wie viele Mütter sind im Alter auf staatliche Unterstützung angewiesen?

Was hat es mit Leistung zu tun, dass ein Mensch an einem Ort mit geringer Infrastruktur und fehlenden Bildungs- und Berufschancen oder in einer gut situierten Familie mit Zugang zu Bildung und echten beruflichen Perspektiven geboren wird?

Gilt auch für die junge Generation überall auf der Welt die Vorstellung von Leistungsgerechtigkeit im Sinne von „wer viel leistet, erreicht auch viel" tatsächlich noch – in einer hoch verschuldeten Welt voller zunehmender Naturkatastrophen, kriegerischer Konflikte,

Mangel an bezahlbarem Wohnraum und vielerorts ohne ausreichend Wasser und fruchtbaren Boden? Mit so etwas leben zu müssen, ist für viele auf dem Planeten schon heute Realität.

Wegen der demografischen Entwicklung ist auch die Tragfähigkeit des hiesigen Alterssicherungssystems auf Dauer zwar noch nicht wirklich gewährleistet. Aber laut aktueller Info des Arbeitsministeriums erhalten Menschen, die 45 Jahre lang in die Rente eingezahlt haben, eine durchschnittliche Bruttorente von 1.543 €.

Bei Menschen mit Mindestlohn fällt sie auch bei Vollzeittätigkeit zumindest über ein Drittel geringer aus. Den erhalten in Deutschland nicht nur Un- & Angelernte, sondern auch so manch qualifizierter Beruf.

Jedenfalls ist schon eine heute hier übliche Miete von solchen Renten vielerorts nicht aus eigener Kraft zu bezahlen. Und hierzulande gibt es traditionell viele Mieter – 2022 waren es durchschnittlich 58 %.

Das heißt, die Altersarmut vieler ist trotz lebenslanger Arbeit vorprogrammiert. Und durch den Mangel an bezahlbaren Wohnungen verschärft.

Trotzdem müssen z. B. arme Rentner und alle, die nur den Mindestlohn erhalten, obendrein noch damit leben, als „sozial schwach" (quasi also als „unsozial") oder einfach als faul betrachtet zu werden, nur weil sie wenig Geld haben – wie zynisch.

Wer jetzt der Meinung ist, selber schuld, hätte man halt was „Gescheiteres" gelernt, um besser entlohnt zu werden, den würde ich gerne fragen, wer dann alle die von diesen Menschen verrichteten Arbeiten macht, wenn alle nur noch studieren, weil nicht akademische Berufe keinerlei echte Wertschätzung erwartet. Wozu dies führt, das sehen wir bereits heute am viel zitierten Fachkräftemangel.

Brauchen wir als Menschen nicht alle einander, egal, welche Art von Bildung & Qualifikation jeder hat?

Was tut z. B. ein Architekt ohne Handwerker, die das von ihm geplante Haus bauen? Ein Autor ohne Verlag, der Handel ohne Hersteller und umgekehrt, ein Onlinekunde ohne Trucker und Zusteller? Was der Gesetzgeber ohne Beamte, welche die Gesetze anwenden?

Denkt also einmal etwas nach, bitte.

Worin genau besteht die Rechtfertigung, jeglicher Status quo sei ausschließlich begründet durch irgendeine Art von Leistung, also „Verdienst"?

Womit hat jemand, der 45 Jahre Vollzeit gearbeitet hat, Armut „verdient"?

Die sogenannte „Leistungsgerechtigkeit" entpuppt sich bei genauem Hinsehen als Mythos.

Meine Meinung: Da stimmt etwas ganz grundsätzlich nicht.

Missstände und Ungerechtigkeiten auf dem Planeten sind nicht etwa „gottgegeben", sondern von Menschen gemacht.

Also sind auch wir Menschen es, die daran etwas ändern könnten, – wenn wir es nur wollten. Statt uns aus der Verantwortung zu stehlen.

Geld ist zwar heute der Maßstab aller Dinge und unsere Wahrnehmung völlig auf die Bewertung per Geld ausgerichtet. Persönliche Schuld oder echten persönlichen Verdienst kann es jedoch nie wirklich begleichen.

Wer kann damit die Schuld eines Mörders oder Folterers „bezahlen"? Kann man Leid, Gesundheit und Leben wirklich in Geld beziffern? Nein!

Wer wiegt den Verdienst einer Mutter Teresa in Geld auf, eines Immanuel Kant, eines Albert Einstein? Wer den der Erfinder des Fahrrads oder der Nutzung der Elektrizität? Wer den guter Pflegekräfte oder den schlafloser Nächte fürsorglicher Eltern? Forget it!

Die wahre „Bezahlung" ist sehr menschlich, seit jeher sehr viel unmittelbarer und für gewöhnlich unbeabsichtigt. Die meisten freuen sich aufrichtig, wenn sie Freude bereiten oder zur Lösung eines Problems beitragen. Die Handlung ist „Lohn" in sich.

Zudem bleiben die Folgen unseres unethischen oder ethischen Handelns unserem Umfeld und der Nachwelt erhalten – als Fluch oder als Segen.

Wie Menschen sich im menschlichen Miteinander fühlen, ist eine Frage der individuellen Ethik.

Nicht des Geldes.

Die zentrale Funktion der Bezahlung von Lebensnotwendigem, die das Geld heute erfüllt, könnte ebenso durch ein völlig anderes System ersetzt werden. Z.B. eines, zu dem global alle gleichermaßen Zugang haben.

Damit die Rahmenbedingungen für alle weitestmöglich stimmen.

Und genau darum geht es mir.

Daher hier die erste Frage:

Was ist Leistung überhaupt?

Für diese Vision definiere ich Leistung als Tätigkeit, die direkt oder indirekt dem Gemeinwohl dient.

Was mit Lohnarbeit gemeint ist, das weiß jeder, daher lasse ich mich darüber nicht lange aus.

Auch nicht darüber, ob Lohnarbeit in jedem Fall dem „Gemeinwohl" dient. Denn egal, ob man sie als Angestellter oder Selbstständiger ausübt, es ist die heute einzig anerkannte Art monetärer Entlohnung.

Etwaige staatliche Leistungen lasse ich an dieser Stelle bewusst außen vor, – sie sind kein „Lohn". Auch wenn sie eine Errungenschaft „sozialer" Gesellschaften sind, zeigt ihr Bedarf ebenso an, dass grundsätzlich etwas nicht stimmt.

Also ist Lohnarbeit die einzige Methode, die heute einen selbst erzeugten Beitrag zum Lebensunterhalt leisten kann. Ohne Moos wirklich gar nix los: Keine Wohnung. Nichts zu essen. Nichts anzuziehen – von Körperpflege, medizinischer Versorgung, Bildung und sonstigen Kulturbedürfnissen oder gar mehr ganz zu schweigen.

Mich interessieren daher viel mehr drei weitere Arten von Leistung, die bisher nicht wirklich als solche anerkannt sind: Die Sorgearbeit, das Lernen und die Selbstversorgung. Ohne diese würde die Gesellschaft gar nicht funktionieren.

Deshalb kommt hier die erste Änderung daher: Stellen wir uns vor, sowohl Sorgearbeit als auch Lernen und Selbstversorgung zählen künftig ebenso als zu berücksichtigende Leistung.

Womit wir bei der ewigen Preisfrage landen:

Wer soll das bezahlen???

Denn wenn alle als „Leistung" zu berücksichtigenden Tätigkeiten künftig entlohnt werden sollen, – wie und nach welchen Kriterien soll das gehen?

Es ist unmöglich.

Aber nur, wenn wir in unserer uralten Sichtweise verharren, die alles in Geld abwickeln will.

Das liebe Geld

Man hat sich vor vielen Jahrhunderten dazu entschieden, Geld als „einheitliche" Währung für Waren und Dienstleistungen zu etablieren. Mancherorts nutzte man davor Naturalien wie Salz, Kakao, Tee oder z. B. Muschelgehäuse als Währung oder tauschte begehrte Gegenstände direkt.

Auf einer ganz einfachen Ebene analysiert, haben wir bei diesem System zwei Elemente.

Erstens das Tauschmittel, also die Währung oder den zum Tausch angebotenen Gegenstand.

Zweitens findet ein Tausch üblicherweise zwischen zwei Parteien statt: Du gibst mir dies für das. Oder: Ich tue dir einen Gefallen, – später bist du mir einen Gefallen dafür schuldig.

Wir haben das als Menschheit schon immer so gemacht. Kein Wunder, dass es niemandem einfällt, das aus einer anderen Perspektive zu betrachten.

Dabei begünstigen beide Elemente von Haus aus die Entstehung sozialer Ungleichgewichte.

Vorhandensein und Wertung von Rohstoffen/Ressourcen

Wo welche natürlichen Rohstoffe vorkommen (z.B. Erze oder Süßwasser) oder wo etwas erzeugt werden kann (z.B. Gemüseanbau, Tierhaltung), ist wegen lokaler Gegebenheiten primär reiner Zufall.

Auch die Existenz lokaler Infrastruktur inkl. Bildungseinrichtungen entscheidet darüber, ob ein Standort Menschen gut ernähren kann oder nicht. Zu deren Errichtung braucht es heutzutage Geld.

Die Wertung zur Verfügung stehender Ressourcen aller Art unterscheidet sich zudem oft massiv, zum Vor- oder Nachteil für die Tauschpartner.

So erzielen viele alltäglich benötigte Rohstoffe und natürliche Waren wie z. B. Milch einen vergleichsweise niedrigen Marktpreis für die Hersteller. Wissensarbeit kostet oft sehr viel mehr als z. B. natürliche Lebensmittel oder Handwerksarbeit. Statistisch den höchsten Verdienst erzielen hierzulande jedoch jene Berufe, die sich mit der „Verwaltung" usw. von Geld beschäftigen.

Beschränkung auf zwei Tauschpartner

Der zweite Punkt ist: Die Beschränkung auf zwei Tauschpartner ist oft mit Schwierigkeiten behaftet.

Nehmen wir an, man schenkt uns etwas oder hilft uns in einer Situation. Jetzt sind wir etwas „schuldig", nicht? Aber der betreffende Mensch braucht zuweilen entweder nichts oder wir sind nicht in der Lage, ihm etwas „gleichwertiges" zu geben, das er evtl. benötigt oder worüber er sich freuen würde. Wir müssen es aushalten, etwas schuldig zu bleiben, und das belastet die Beziehung. Sie findet nicht mehr auf gleicher Augenhöhe statt. Dasselbe gilt natürlich, wenn es um Geld geht. Umgekehrt kann es auch sein, dass sich jemand ausgenutzt fühlt und deshalb in der Beziehung Probleme entstehen.

Aber welche Alternativen gäbe es?

Eine angeborene Währung...

Die Lösung ist einfach und dürfte sogar relativ zeitnah umsetzbar sein: Als ersten Faktor nutzt man künftig etwas als Währung, das jeder per Geburt mitbringt – seine Lebenszeit.

Lebenszeit ist individuell und nicht übertragbar. Ich wiederhole: Abgesehen von genetischen und menschlichen Eigenschaften ist sie das einzige Kapital, das jedem von uns von Geburt an gegeben ist. Von der Basis her sind somit alle Menschen gleichgestellt.

Als „Zahlungsmittel" ist sinnvollerweise nur der Anteil an Zeit verwendbar, den man direkt oder indirekt selber für das Gemeinwohl eingebracht hat.

Also z. B. durch Lohnarbeit, aber auch Sorgearbeit, Lernen und Selbstversorgung.

Es gibt sogar Grundprinzipien dieser Idee, die schon länger in die Praxis umgesetzt werden.

Sie waren es, die mich zum Weiterdenken und zur „Entwicklung" dieser Vision inspiriert haben!

Japanische Zeitbank

In Japan gibt es z. B. eine offiziell anerkannte „Zeitbank"[1]. Dort kann man die für alte und hilfsbedürftige Menschen aufgewandte Zeit als eine Art „Altersvorsorgeguthaben" einbuchen lassen. Ist man später selber alt oder krank und benötigt Hilfe, kann man dann für die gleiche Zeit Unterstützung in Anspruch nehmen, auch ohne Geld.

Man nimmt dort also die freiwillig für andere eingebrachte Zeit offiziell und konstruktiv ernst und ermöglicht es, sie später bei eigenem Bedarf auch wieder nutzen zu können. So in etwa stelle ich mir „Rahmenbedingungen" schaffen vor.

Aber auch das ist natürlich nur ein Teil dieser neuen Idee. Ich möchte viel mehr Aktivitäten im Leben ernst genommen und gesehen wissen.

Tauschringe auf Zeitbasis

Nun ist Japan weit weg. Aber gibt es auch hier ähnliche Systeme? Ja, gibt es.

Im deutschsprachigen Raum haben sich bereits vor Jahrzehnten vielerorts so genannte Tauschkreise auf Zeitbasis etabliert („LETS"[2]). Dort tauscht man vor allem Dienstleistungen. Juristisch gesehen handelt es sich um eine Art Nachbarschaftshilfe.

Das Prinzip ist einfach: Für jede Stunde einer in An-

---

1   „Fureai Kippu", Volunteer Labour Bank, gegründet 1973 von Teruko Mizushima, 2012 > 3 Mio Mitglieder,
Quelle: https://monneta.org/fureai-kippu/ sowie Wikipedia
2   Local Exchange Trading Systems

spruch genommenen Leistung schuldet man eine Stunde, die man selbst zu erbringen hat.

Da die Lebenszeit aller Menschen gleich viel wert ist, unterscheiden diese Systeme auch nicht nach Art der Leistung oder der dafür erforderlichen Qualifikation. Egal, was man anbietet, eine Stunde ist eine Stunde ist eine Stunde - ein niederschwelliger Einstieg in eine völlig neue Sichtweise. Mitglieder von LETS entsetzt die Idee der Gleichwertigkeit von Arbeit jedenfalls nicht so sehr wie jemanden, der davon noch nie gehört hat. Das ist deshalb von Bedeutung, da dieser Punkt In die hier beschriebene Vision ebenfalls mit einfließt.

Man kann bei LETS z. B. Dienstleistungen anbieten, die man gut und gerne tut, z. B. auch Hobbys.

Stell dir vor, du kannst Bügeln nicht leiden, aber andere lieben es und bieten es an.

Dafür backst du total gerne, bist passionierter Hobbygärtner und sprichst vier Sprachen fließend.

Du lässt dir also beim Bügeln helfen. Wenn das eine Stunde dauert, zieht man bei dir diese Stunde ab, bei deinen Tauschpartnern bucht man sie drauf. Damit du nicht nur Ausgaben hast und in ein Minus rutschst, backst du z. B. für Feiern anderer Tauschringmitglieder und hilfst in Frühjahr und Herbst anderen bei den anstehenden Gartenarbeiten oder übersetzt ab und an Texte. Letztlich wie Geld, nur eben statt dessen Zeit.

Denn auch bei LETS gilt nur, was dem Tauschpartner direkt und sofort nützt.

Die erste Frage, die man sich stellen sollte, wenn man in ein solches Tauschsystem einsteigen möchte, lautet daher nicht „Was kann ich bekommen?", sondern „Was kann ich beitragen?"

Aber was tut ein alter Mensch, der nicht mehr viel leisten kann, wenn er neu in einen Tauschring eintreten möchte? Oder ein dauerhaft kranker Mensch? Was kann er beitragen, um Zeitguthaben zu erwirtschaften? Unter Umständen wenig bis nichts.

Somit schließen auch diese Tauschsysteme im Prinzip Menschen aus.

Außerdem sehe ich bei ihnen das Problem, dass sie im Leben eher als eine Art Hobby „mitlaufen". Seine Miete kann man damit schließlich im Normalfall nicht bezahlen. Essenziell braucht sie keiner, richtig ernst nimmt sie niemand.

Kleiner Exkurs – weitere Projekte:

Projekte, ohne Geld zu leben

Im deutschsprachigen Raum gab und gibt es auch Aktivisten, die mit gutem Beispiel vorangehen möchten und neue Wege ausprobieren und freiwillig ohne Geld oder auf Tauschringbasis leben. Oder sogar Alternativen zum „Tausch" an sich suchen.

Es geht ihnen dabei z. B. um Nachhaltigkeit und um das Herausfinden, was wir Menschen wirklich für ein „gutes" Leben benötigen. Sie hinterfragen auch den Stellenwert von „Arbeit", wie sie heute gelebt wird.

Solange ein solches Projekt zwischen Personen MIT Geld und Personen ohne Geld stattfindet, finde ich es aber schwierig, dass Erstere eine echte Alternative für das System darin sehen.

Denn wer ohne Geld unterwegs ist, ist aktuell auch auf jemand angewiesen, der etwas besitzt und davon abgeben oder es mit einem teilen kann und auch will.

Ware, die z. B. ein Supermarkt gekauft hat, hat Geld gekostet. Sie ist sein Eigentum. Er entscheidet, ob er Ware kurz vor dem Verfallsdatum günstiger abgibt oder an eine Tafel[3] liefert. Oder das „Containern[4]“ erlaubt. Oder eben auch nicht.

Jemand, der im Urlaub zur Sicherheit einen Tauschringler auf Zeitbasis um Homesitting bittet, damit sein Haus während seiner Abwesenheit bewohnt ist, trägt auch die Kosten dafür, es gehört ihm. Hätte er es nicht, könnte er auch keinem Tauschringler die Gelegenheit geben, dort vorübergehend zu wohnen.

Deshalb ist das letztlich ein Tausch, der meiner Wahrnehmung nach aus heutiger Sicht nicht wirklich auf gleicher Augenhöhe stattfindet.

Böse Zungen könnten solche Projekte sogar als verdeckte Methode bezeichnen, wie „Faule“ sich von „Fleißigen“ aushalten lassen können.

Philosophische oder ökologische Rechtfertigungen für den Wunsch nach nachhaltigeren Lebensweisen würden für solche Personen höchstens eine billige Ausrede darstellen.

Denn wie wir anfangs auf Seite 9 schon festgestellt haben: Wer kein Geld besitzt, muss in den Augen der

---

3   lt. Wikipedia „Gemeinnützige Hilfsorganisationen, die Bedürftigen Lebensmittel kostenfrei oder vergünstigt bereitstellen“
4   lt. Wikipedia „Mitnahme weggeworfener Lebensmittel aus Abfallcontainern“, meist z. B. bei Supermärkten.

Allgemeinheit entweder faul und somit unsozial sein – oder bestenfalls dumm.

Bei Weiterbestehen des aktuellen Systems, also solange sich weiter alles um Geld dreht, wird sich das bestimmt auch nicht so schnell ändern.

Bedingungsloses Grundeinkommen

Die Idee des bedingungslosen Grundeinkommens besteht darin, alle mit dem gleichen Grundstock an finanziellen Mitteln auszustatten, damit existenzielle Not die Menschen nicht länger zu unfreiwilligem Handeln zur Existenzsicherung zwingt (Jobs, zu denen man sich „genötigt" sieht, Prostitution, Migration uam.).

Grundeinkommensprojekte gab und gibt es verschiedene[5]. Z. B. in Namibia oder Uganda. Die Teilnehmer erhielten ein kleines Grundeinkommen. Davon kauften sie z. B. nicht nur Lebensmittel und finanzierten den Schulbesuch ihrer Kinder, sondern schufen teilweise auch Grundlagen für eigene unternehmerische Tätigkeit, was eine langfristige Wirkung über die Dauer des Projektes hinaus darstellt.

Nach Ausbleiben der Finanzierung fielen jedoch viele Teilnehmer in große Armut zurück.[6]

Weitere Projekte gab es z. B. in Kanada, Finnland und andernorts. In Brasilien standen medizinische Versorgung und Verbesserung der eigenen Wohnsituation an erster und zweiter Stelle, gefolgt von Grundlagen für

---

5   Wikipedia – Bedingungsloses Grundeinkommen
6   Www.mein-grundeinkommen.de/ magazin/grundeinkommen-projekte-weltweit

Micro-Business. In Deutschland läuft zurzeit eine Studie zum Thema.

Mein Einwand zum Grundeinkommen?

Könnte man auch die bisher unentgeltliche Arbeit anrechnen, so würde das genauso wie ein Grundeinkommen wirken. Auch so hätte man „Mittel", von denen man leben und sich ernähren kann.

Nur, dass man dabei von niemandem abhängig wäre. Denn eines der Hauptargumente gegen das bedingungslose Grundeinkommen ist nachvollziehbar – wer soll das bezahlen? Wie man sieht, ist Schluss mit den Projekten, sobald die Finanzierung wegfällt.

Daher nach diesem Exkurs zurück zur Vision.

Das aktuelle Tausch- und Geldsystem haben wir Menschen selbst erschaffen. Wir könnten es also auch ändern. Was wäre, wenn wir uns etwas Neues ausdenken und das jetzige System komplett hinter uns ließen?

Falls ihr das total absurd und überflüssig findet, seid daran erinnert, dass heute nicht nur die ganz Armen mit minimalem Geld auskommen müssen. Es gibt auch Personen, die in Wirklichkeit ohne Geld leben, evtl. ohne sich dessen ganz bewusst zu sein. Ich meine hiermit jene, deren Schulden so hoch sind, dass sie sie nie werden zurückzahlen können. Auf privater, kommunaler und staatlicher Ebene. „Leben ohne Geld", also ein Aspekt dieser Vision, ist zum Teil bereits heute Realität.

Was spricht also dagegen, diese neue Idee einmal weiterzudenken?

Nehmt euch Zeit dafür, Satz für Satz.

Was ist anders, die Erste

Zur Erinnerung: Die beim hier vorgestellten neuen System verwendete Währung soll nicht übertragbare Lebenszeit sein, die ein Mensch zuvor entweder für Lohnarbeit, Sorgearbeit, Lernen sowie Selbstversorgung selbst aufgewendet hat. Egal, um welche Art von Tätigkeit es sich handelt: eine Stunde ist immer ein Stunde.

Entgeltlichkeit

Der nächste wichtige Faktor besteht in einer radikal anderen Sicht auf natürliche Rohstoffe sowie Grund und Boden – sie sollen Gemeingut und per se unentgeltlich sein. Das einzige, was entgeltlich ist, ist die eingebrachte Lebenszeit.

Die Wahrheit ist doch – niemandem „gehören" irgendwelche Rohstoffe oder Land. Erleichterten Zugriff auf etwas zu haben, z. B., weil es zufälligerweise vor Ort viel davon gibt, bedeutet nicht, dass man es sich genauso selbstverständlich persönlich aneignen kann.

Nur die Zeit (sowie unsere menschlichen Qualitäten und Erfahrungen) sind unser persönliches „Eigentum".

Jedem von uns gehört seine ureigene Zeit. Und selbst die ist in dem Moment weg, wenn unser Leben endet. Was kann man ins Grab mitnehmen? Kein Geld, keine Gegenstände... nicht einmal die abgelaufene Zeit.

Also ein Beispiel: Wasser ist gratis. Der Bau eines Brunnens zu seiner Gewinnung benötigt Zeit – die Arbeitszeit der Personen, die ihn bauen.

Oder: ein Stück Land kostet nichts. Aber die Zeit, die jemand investiert, um daraus nutzbares Ackerland zu machen, zählt.

Wolle an sich ist unentgeltlich. Nicht aber die Zeit für die Haltung der Tiere, das Scheren, Reinigen, Spinnen, Färben und Verarbeiten, bis ein Pulli draus wird.

Die Erze für einen Wasserhahn sind umsonst. Die Zeiten, die man für ihren Abbau und die Herstellung des Wasserhahns benötigt, finden sich später im Stückpreis beim Endkunden wieder.

Auch persönliche „Ressourcen" wie z.B. Empathie, Erfahrung oder Wissen kosten „Endkunden" nichts, da für Sorgearbeit, Lernen und Selbstversorgung selbst investierte Zeit nicht in Preisberechnungen mit einfließt[7].

Hiermit lassen wir also die unterschiedliche Bewertung von Ressourcen aller Art auf einmal hinter uns.

Sesam öffne dich: Die Vision in der Praxis

Wer Lebenszeit für Lohnarbeit, Sorgearbeit, Lernen und Selbstversorgung aufwendet, vermerkt diese z.B. in einem Notizbuch oder einem digitalen System (wie es lokal am einfachsten möglich ist).

Ein Beispiel: Herr Müller erledigt nach seiner 40-Std.-Arbeitswoche, die er täglich im Buch eingetragen hat, den Wochenendeinkauf für die Familie und entsorgt auf dem Weg dorthin gleich den Müll. Das dauert eineinhalb Stunden, die er dann ebenfalls im Buch ein-

---

7   Mehr dazu in den Kapiteln „Die Vision in der Praxis" und „Steuern"

trägt. Vor dem Abendessen geht er noch eine Runde joggen[8] und vermerkt auch diese Dauer im Buch.

Auch Frau Müller notiert in ihrem Buch die Zeiten für ihre Lohnarbeit. Sie hat auch Unkraut gejätet und geerntet und verarbeitet das Gemüse nun. Diese und auch die Zeit für das Kochen danach, die heutige Wäschepflege und Betreuung der Kinder sowie ihre eigene Weiterbildung am Abend schreibt sie ebenfalls auf.

Das muss auch keiner gegenzeichnen.

Bei seinem Wochenendeinkauf „bezahlt" Herr Müller alle für die Herstellung der gekauften Waren benötigten Arbeitszeiten, umgerechnet auf Kilo, Stück usw, indem er sie von seinem Zeitguthaben abzieht.

Die Läden selbst erhalten jedoch von Herrn Müller nichts für diesen Einkauf. Weshalb? Weil auch die Hersteller und die Verkäufer ihre eigene Arbeitszeit genau wie Herr Müller ebenfalls immer selbst vermerken.

Jeder sorgt also direkt durch sein eigenes Tun für sein eigenes „Ein- bzw. Auskommen", und zwar, ohne jemand anderem dafür etwas „wegzunehmen".

Du siehst also, wir verlassen auch den zweiten Aspekt des Tauschgeschäfts, da die Gutschrift der für die Erbringung einer Leistung aufgewandten Zeit und der Abzug vom Zeitguthaben eines Kunden voneinander entkoppelt sind.

Preisermittlung

Um den Preis für Waren und Dienstleistungen zu ermitteln, muss der Verkäufer vorher alles umrechnen.

---

8   Mehr dazu siehe im Kapitel „Selfcare"

Das ist insofern keine unüberwindliche Hürde, als bereits heute alle Lohnkosten und somit alle Arbeitszeiten bekannt und in allen Preisen enthalten sind.

Hat ein Produkt mehrere Herstellungsschritte, geben die Produzenten immer nur die Info zur bisher insgesamt aufgewandten Arbeitszeit an den Unternehmer des nächsten Herstellungsschritts weiter. Die Unternehmer „kaufen" also auch nicht wie bisher das Zwischenprodukt. Nur der Endkunde „bezahlt" alle im Produkt aufgelaufenen Zeiten.

Das heißt, nur ihm wird der entsprechende Zeitwert von seinem Zeitguthaben abgezogen.

Benötigt man Maschinen für die Herstellung, muss auch die für die Produktion der Maschinen eingebrachte Zeit auf die voraussichtliche Nutzdauer der Anlage und die Mengeneinheiten der damit produzierten Ware umgerechnet und im Preis an die Endkunden weitergegeben werden.

Dasselbe gilt für alle anderen Betriebskosten, z.B. Kosten für die Verwaltung oder die Aufwendungen für die Pflege der Betriebsräume. Alle Zeiten werden wie bisher auch für die Preisermittlung berücksichtigt.

Da Zeitaufwand für Lernen, also z.B. Ausbildung und Studium zwar vom Leistenden als Guthaben vermerkt wird, aber nicht in Preisberechnungen einfließt, kostet ein Friseurbesuch den Kunden die konkret für seinen Haarschnitt aufgewandte Zeit plus die anteiligen laufenden Betriebskosten. Dasselbe gilt daher auch bei einem Arztbesuch oder einer Anwaltskonsultation.

Bestellt jemand ein Möbelstück beim Schreiner, kostet es die aufgelaufene Arbeitszeit (Baum auswählen & fällen, Sägewerk, Möbelbau usw.) plus die anteiligen Betriebskosten.

Auch wenn jemand ein Haus baut, es ist bei allen Materialien und Leistungen dasselbe.

Geht es um eine Mietpreisermittlung, rechnet man alle aufgewendeten Zeiten unter Berücksichtigung der voraussichtlichen Gesamtnutzungsdauer des Hauses in monatliche Aufwendungen um. Das ist dann die Miete.

Mieterhöhungen sind somit auch kein Thema mehr. Es sei denn, es fallen Reparatur- oder Sanierungskosten an, die zu berücksichtigen sind. Wohl gemerkt, ebenfalls umgerechnet auf die voraussichtliche Gesamtnutzungsdauer.

Auch hier gilt der generelle Unterschied zur heutigen Praxis, dass immer nur die Arbeitszeiten zählen, da Rohstoffe an sich nichts mehr kosten.

Wie bereits gesagt, ist diese Vorgehensweise deshalb möglich, weil alle in den Herstellungsprozess involvierten Personen ihre dafür aufgewendete Zeit bereits notiert haben. Sie steht ihnen sofort für ihre eigenen Bedürfnisse zur Verfügung.

Keine Rechnungen mehr und keine Lohnabrechnungen, auf deren Zahlungseingang man erst warten müsste, bevor man seine eigenen Ausgaben davon bestreiten kann!

Folgen für die Globalisierung

Da die Arbeitszeit aller Menschen im Gegensatz zu heute überall dasselbe wert ist, verteuern sich Produkte, deren Bestandteile bisher „billig" im Ausland produziert wurden. Wem das nicht gefällt, der kann wieder vor Ort produzieren. Ob Autos, Kleidung, Schrauben oder andere benötigte Alltagsgegenstände – bevor die Globalisierung der Senkung der Lohnkosten diente, gab es vor allem lokale Produktionen – welche die Kunden ebenfalls bezahlen mussten.

Heutige Lohnkosten enthalten hier auch alle Lohnnebenkosten wie z.B. Sozialversicherungsbeiträge, sind also um einiges höher als Kosten für die reinen Arbeitszeiten. Sozialversicherungsbeiträge sind in diesem System jedoch nicht mehr nötig, entfallen daher.

Zudem hätte jeder Mensch im Durchschnitt mehr „Kapital" zur Verfügung als zuvor, da auch bislang unentgeltliche Arbeit als Leistung angerechnet würde und für den Lebensunterhalt verwendet werden könnte.

Ich gehe daher davon aus, dass auch mit dem neuen System die Waren usw. erschwinglich bleiben, obwohl die verstärkte Rückkehr zur Produktion vor Ort preissteigernd wirken wird.

Würden nicht auch hohe Transportkosten mit einfließen, wäre es vermutlich völlig egal, wo man produziert. Es würde immer fast dasselbe kosten.

Es würde auch dazu führen, dass viele Menschen aus armen Ländern nicht mehr ihre Familien und ihre Heimat verlassen müssten, um in reichen Ländern Arbeit zu oft schlechten Bedingungen auszuüben, damit ihre Angehörigen ein Auskommen haben. Die reichen Länder müssten selbst mehr Verantwortung z.B. für ihre eigene soziale Organisation und alle anstehenden

Aufgaben übernehmen, auch die „unangenehmen".

Doch das steht ohnehin an. Denn auch wenn das nur jene merken, die unseres Systems bedürfen oder in ihm arbeiten – es hinkt mittlerweile gewaltig.

Dass z.B. medizinische Versorgung in Deutschland zum Geschäftsmodell für Aktionäre geworden ist und Ärzte usw. nicht nach real und fachlich benötigtem Zeitaufwand abrechnen können, hat Folgen für die Patienten und medizinischen Fachkräfte. Die Qualität der Versorgung leidet darunter. Wie kann es sein, dass die staatliche Gemeinschaft privaten „Investoren" den Säckel füllt, für die vor allem die „Rendite" zählt?

Auch menschlich und fachlich angemessene Betreuungs- bzw. Lehrmöglichkeiten für alte und sehr junge Menschen reichen nicht aus oder sind unbezahlbar. Selbst wenn der Staat bei den Kosten einspringt – wie lange kann er das in diesem Umfang auf Dauer leisten?

Gesellschaftliche Herausforderungen wie z.B. die Versorgung, Betreuung und Begleitung von Kranken, Alten und Kindern, die wir als Gemeinschaft lösen sollten, hat man auf einen rein monetären Faktor reduziert... und wie sich zunehmend herausstellt, reicht das Geld dafür leider nicht aus. Pech gehabt!

Das ist doch absurd.

Wäre es nicht an der Zeit, dies wieder in „menschlichere" Bahnen zu lenken?

Aber zurück zur Globalisierung.

Diese selbst bräuchte wegen des neuen Systems nicht zu enden. Aber Austausch und Zusammenarbeit fänden zunehmend auf gleicher Augenhöhe statt. Abhängigkeiten würden allmählich verringert, noch immer wirkende kolonialistische Auswüchse klängen aus.

Würden sich lokale Gemeinschaften gegen die Förderung und Lieferung vorhandener Ressourcen z.B. in andere Länder entscheiden, wäre die Forschung dieser Länder aufgefordert, Alternativen dafür zu finden.

Und: Durch das Hinzuziehen ehemals nicht anerkannter Leistungen spielt auch das bisherige Totschlagargument der Arbeitsplätze keine Rolle mehr.

Dieses Argument treibt auch heute bereits viele Experten deshalb um, weil man davon ausgeht, dass Technologien in absehbarer Zeit die Mitwirkung von Menschen unnötig machen oder stark reduzieren.

Warum auch nicht, wenn es tatsächlich Arbeitsschritte, Dienstleistungen usw. erleichtert und die Lebensqualität verbessert!

Vielleicht gibt es dann mancherorts keine Arbeitsplätze (mehr). Anfangs oder dauerhaft. Aber trotzdem immer genug anderes zu tun, wenn man nur die Augen aufmacht. Anderes, das genauso zählt. Man kann auch davon seine Brötchen bezahlen, dass man sich um die Kinder oder um die alte alleinstehende Nachbarin kümmert, endlich einmal Zeit für die anstehende Renovierung der Bude hat oder eine lang ersehnte Ausbildung macht. Oder in der Pampa die Ziegen für den Eigenbedarf hütet und Gemüse anbaut[9].

Ist es nicht barbarisch und inakzeptabel, dass Menschen irgendwo verhungern, verfolgt, direkt oder indi-

---

9   Siehe unter den Kapiteln „Selbstversorgung" und „Lernen"

rekt von ihrem Land vertrieben und somit ihrer Lebensgrundlage beraubt werden, kriegerischen Konflikten ausgesetzt sind oder sonstige durch Menschen verursachte existenzielle Nöte erleiden?

Wäre es nicht ein erstes wichtiges Ziel und Zeichen für einen echten ethischen Entwicklungsschritt für uns als gesamte Menschheit, dass überall zumindest alle essenziellen Bedürfnisse für eine menschenwürdige Existenz tatsächlich gedeckt sind und es Zugang zu medizinischer Versorgung und Bildung gibt?

Liegt es nicht mehr an fehlendem Geld – wäre das dann nicht möglich?

Steuern

Steuern erhebt der Staat von seinen Bürgern heute sinnvollerweise, um damit Projekte für die Allgemeinheit zu finanzieren. Für den Bau und Erhalt von Infrastruktur wie Verkehrswege, Energie- und medizinische Versorgung, Bildungsstätten, öffentliche Verwaltung usw.

Nehmen wir nun einmal an, Vater Staat hat im neuen System eine Schule gebaut. Wie im Kapitel „Sesam öffne dich – Die Vision in der Praxis" beschrieben, haben sich alle beteiligten Personen ihre dafür aufgewandte Zeit schon gutgeschrieben, sie steht ihnen also bereits für eigene Ausgaben zur Verfügung. Nun könnte der Staat diese Zeitaufwände den Eltern „berechnen", also von deren Zeitguthaben abziehen. Muss er aber nicht. Er könnte es auch einfach so belassen, wie es ist. Der Staat hat dem Gemeinwohl zu dienen, und wenn er eine Schule baut, tut er das. Und Punkt.

Heißt: Wer braucht noch Steuern bei diesem System? Genau bedacht, niemand.

Dasselbe gilt für Eltern. Ich meine, theoretisch könnten ja auch Eltern ihren Kindern die von ihnen für sie geleistete Arbeit „berechnen", also von deren Zeitguthaben abziehen. Aber das wäre doch reichlich komisch, oder? Und vor allem völlig unnötig – die Eltern hätten sich im neuen System ihre investierte Zeit ja bereits als eigenes Guthaben vermerkt.

Im Übrigen fände ich es angebracht, auch all jenen Menschen, die hilfsbedürftig sind, nichts von ihrem Zeitguthaben abzuziehen. Kranke, Schwerbehinderte, gebrechliche alte Menschen... also generell bei Sorgearbeit aller Art.

Demselben Prinzip folgt die Idee, dass man sich die für Lernen und Selbstversorgung selbst aufgebrachte Zeit zwar auch als Guthaben notiert, in etwaige künftige Preisberechnungen aber nicht einbezieht[10].

Außerdem steht es generell jedem frei, eingebrachte Zeit aufzuschreiben oder nicht.

Aber, Halt: Warum genau soll in „Lohnarbeit" eingebrachte Zeit beim „Endkunden" von dessen Zeitguthaben abgezogen werden, in Sorgearbeit, Lernen und Selbstversorgung investierte Zeit aber nicht?

Ist das nicht ungerecht?

Heißt das letztlich nicht, alles bleibt beim Alten? Weil z.B. Sorgearbeit noch immer nicht „bezahlt" wird?

Nein, nicht ganz.

---

10 Siehe auch Seite 23 und 35

Es geht zum einen darum, dass bisher nicht berücksichtigte Leistungen künftig gleichwertig mit zum Lebensunterhalt mit beitragen können.

Zum anderen geht es um eine Alternative zu den bisherigen Tauschsystemen, auf einer Basis, die für alle Menschen weltweit gleich und gerecht ist.

Statt die Antwort noch weiter zu vertiefen, stelle ich die Frage lieber noch komplett andersherum: Müsste überhaupt jemand irgend etwas „bezahlen"? Der Erbringer der Leistung hat doch ohnehin nichts davon, weil er sich seine selbst erbrachten Zeiten bereits notiert hat und für eigene Ausgaben verwenden kann...

Noch genauer gesagt: Die „Bezahlerei" bringt in diesem System niemandem ein „Mehr".

Also, wenn gründlich weiter gedacht niemand etwas zu „bezahlen" bräuchte, weshalb sollte man dann die Mühe machen, Stunden aufzuschreiben, mit denen man bezahlen kann?

Das bisher erläuterte System wäre... hinfällig.

Daher muss ich der Vollständigkeit halber zu guter Letzt noch was loswerden.

Ein langfristiger Ausblick...

Das vorhin beschriebene System wäre nur ein erster Schritt. Letztlich ist es sehr aufwändig und geht auch sehr ins Private, alle möglichen Zeiten aufzuschreiben.

Aber die Natur macht keine Sprünge und wir sind unserer Meritokratie, unserem Verdienstdenken und dem Bedürfnis, jedenfalls für als solche „anerkannte" Leistung „etwas zu bezahlen", sehr verhaftet. Mein Eindruck ist, es bräuchte diesen Zwischenschritt, um einen Start in eine völlig neue Art zu denken im Hinblick auf „Arbeit" und „Leistung" usw. hinzubekommen.

Was könnte auf diesen „ersten Schritt" folgen?

Ich glaube, er wäre eine hervorragende Basis dafür, herauszufinden, was wir wirklich benötigen. Als Menschen und materiell. Und auf dieser Grundlage würde uns irgendwann klar werden, dass wir das ganze aufwändige Brimborium der Aufzeichnung von Zeiten gar nicht brauchen.

Denn anhand dieser ganzen Aufzeichnungen könnten wir dann herausfinden, wie viel Zeit wir konkret dafür aufwenden müssten, um die Bedürfnisse[11] aller angemessen zu stillen, und könnten daher z. B. eine für alle gleich dauernde Zeit ermitteln, die jeder direkt dafür beizutragen hat.

Jeder entsprechend seiner Talente, Fähigkeiten und Kenntnisse, im Einklang mit seinem persönlichen Ta-

---

11 Wie zum Beispiel Nahrung, Kleidung, Wohnung, Bildung, medizinische Versorgung, Infrastruktur wie z.B. Verkehrswege, öffentlicher Verkehr, Energieversorgung, Digitales, Natur usw.

gesrhythmus usw..

Nehmen wir an, die Rechnung ergibt, wenn außer den Kindern, den Kranken, den Gebrechlichen sowie den Urlaubern alle mit anpacken, reicht es locker aus, wenn jeder zwei bis vier Stunden am Tag direkt mit einbringt. Hey, – und das wäre dann eine sehr einfache Regelung... Die restliche Zeit stünde den Individuen völlig frei zur Verfügung.

Das Ziel wäre es also, zum Schluss in eine Gesellschaft zu gelangen, in der nichts etwas kostet, weil alle eine gewisse Zeit mitarbeiten, damit alle wichtigen Bedürfnisse der Menschen für ein gutes Leben abgedeckt sind... Aber davon sind wir noch weit entfernt.

Daher lieber Schritt für Schritt.

Und wer weiß – möglicherweise trägt auch die zunehmende technische Entwicklung mit dazu bei, dies in gar nicht weiter Ferne zu ermöglichen.

Klingt nach totaler Utopie, ebenso wie der Weg dorthin? Sicher! Es ist eine Vision. Eine Einladung zum Nachdenken. Eine Idee, von der ich hoffe, dass sie viele kreative Köpfe anregt, viele Diskussionen und Erörterungen, lokale Versuchsprojekte, was auch immer...

Was ist anders, die Zweite

Hier noch einmal die wichtigsten Änderungen des vorgestellten Systems auf den Punkt gebracht:

1. Alle natürlichen Rohstoffe sowie Grund und Boden sind kostenfrei. Sie sind Gemeingut – wer über ihre

Verwendung entscheidet, ist die lokale Gemeinschaft.

2. Auch „persönliche" Ressourcen wie Empathie, Talente, Erfahrung und Wissen kosten nichts.

3. Man „bezahlt" nur mit Zeit, die man selbst in „Lohnarbeit", aber auch

4. für Sorgearbeit, Lernen und Selbstversorgung eingebracht hat.

5. Zeiten, die für unter Punkt 4 genannte Tätigkeiten aufgewendet werden, fließen jedoch nicht in Preise für Waren und Dienstleistungen mit ein.

6. Die Art der Arbeit und die dafür erforderliche Qualifikation spielen bei der Zeitaufzeichnung keine Rolle: eine Stunde ist immer eine Stunde.

7. Jeder notiert die von ihm selbst aufgewandte Zeit selbst als „Guthaben", ohne dieses exakt parallel beim „Empfänger einer Leistung" von dessen Guthaben abzuziehen, ihm dafür also etwas „wegzunehmen". Durch diese Entkoppelung verlassen wir das uralte Terrain des Tauschgeschäfts.

8. Unternehmer reichen alle im Herstellprozess aufgelaufenen Zeitaufwände nur an die Endkunden weiter, bezahlen sie aber selber nicht.

9. Der Abzug des pro Einheit aufgewandten Zeitanteils erfolgt also nur bei den Endkunden.

10. Steuern und sonstige Abgaben fallen weg.

Künftig ebenso anerkannte Leistungen…

…etwas genauer unter die Lupe genommen.

Was würde bei dieser Vision künftig ebenso als „Leistung" zählen, deren Zeitaufwand zum Lebensunterhalt beitragen kann und – in Grundzügen umrissen – wieso?

Die in den nächsten Kapiteln unter Sorgearbeit, Lernen und Selbstversorgung genannten Punkte überschneiden sich zum Teil, dienen nur zur Grundorientierung und erheben keinen Anspruch auf Vollständigkeit.

Sorgearbeit

Wie alles, was kein Geld bringt, zählt Sorgearbeit in unseren Köpfen heute nach wie vor nicht als „echte" Arbeit. Dabei gehört Sorgearbeit zum Alltag der meisten völlig selbstverständlich mit dazu, da sich nicht jeder eine Haushaltshilfe oder Pflegekraft leisten kann und man sich z. B. um Kinder auch außerhalb der Kinderbetreuungseinrichtungen und Schulen usw. kümmern muss und auch möchte.

Auch wenn man Letzteres selber möchte, bedeutet das nicht, es sei eine schlichte Privatangelegenheit. Kinder sind die Basis unser aller Zukunft.

Sorgearbeit ist das Rückgrat der Gesellschaft.

Den Begriff Sorgearbeit würde ich gerne in drei Untergruppen aufteilen. In Sorgearbeit für Lebewesen, für Gegenstände und für einen selber.

Sorgearbeit für Lebewesen

Also zum Beispiel Kinder großziehen mit allem, was dazu gehört, Angehörige unentgeltlich pflegen oder sich sonst um ihre Anliegen kümmern, etwa im Sinne von Versorgung oder Betreuung.

Auch das sich um Haustiere kümmern gehört dazu. Und um Pflanzen.

Außerdem unbezahlte Mitwirkung – „Ehrenamt" – bei Bürgerinitiativen, Politik, gemeinnützigen Vereinen, soziales Engagement aller Art, auch im privaten Umfeld, Nachbarschaftshilfe usw...

Sorgearbeit für Gegenstände

Hier finden wir Tätigkeiten wie z. B. Wäsche- und Schuhpflege, Haushaltsreinigung usw., Reparatur- und Renovierungsarbeiten aller Art.

Also Hausarbeit, Gartenarbeit, Autopflege...

Pfleglich behandelte Gegenstände und Häuser halten länger, müssen also nicht auf Kosten von Umwelt und Gemeinwohl ständig neu produziert werden.

Viele dieser Tätigkeiten sind indirekt auch Sorgearbeit für Lebewesen.

Selfcare

Selbstfürsorge wird heute bereits von den Menschen erwartet, aber es ist ihr Privatvergnügen, sie umzusetzen. Der pflegliche Umgang mit der eigenen Gesundheit kann u. a. das Gesundheitswesen entlasten. Doch das muss man erlernen, nicht nur in Bezug auf Bewegung und gesunde Ernährung. Zeit benötigt man dafür ebenfalls.

Wirkliche Selbstfürsorge bedeutet auch weit mehr, als sich nur um das eigene Wohlergehen zu kümmern, um hinterher noch leistungsfähiger für die heute übliche Berufsmaschinerie zu sein.

Selbstachtung ist die Basis für Selbstfürsorge. Das heißt, echte eigene Bedürfnisse zu erkennen, wahr- und ernstzunehmen und sich soweit möglich darum zu kümmern.

Wer dies tut, hat gute Voraussetzungen dafür, auch Fürsorge für andere Menschen tragen zu können. Privat und im Beruf. Weil er weiß, was Bedürfnisse sind und wie man ihnen begegnen kann.

Letztlich würde ich der Selbstfürsorge drei große Bereiche zuordnen: 1. Gesundheitspflege, 2. Krankheit sowie 3. andere Auszeiten/Sabbaticals.

Gesundheitspflege

Körperpflege, Bewegung und gesunde Ernährung einschließlich des Einkaufs hochwertiger Lebensmittel und des Kochens, Techniken wie Meditation o. ä., Fort- und Weiterbildung zu Gesundheitsthemen per Kursen oder Lektüre sowie Hobbys können zum Erhalt der Gesundheit beitragen.

Die Pflege von Hobbys dient zwar in erster Linie dem eigenen Vergnügen. Aber zum einen stellen Hobbys einen Ausgleich dar. Zum anderen können die Fähigkeiten und das Wissen, die man dafür nutzt oder dabei erwirbt, auch in andere Lebensbereiche mit einfließen und dort dabei helfen, Herausforderungen zu meistern.

Außerdem kann die betreffende Person dabei tatsächlich etwas produzieren, das andere zu erfreuen oder ihnen zu nützen vermag.

So mancher hat daher auch heute bereits sein Hobby irgendwann erfolgreich zum Broterwerb gemacht.

Krankheit

Ist jemand krank, so ist es seine erste Aufgabe, soweit möglich alles dafür zu tun, wieder zu gesunden. Er bedarf nicht nur der Fürsorge, sondern ebenfalls besonderer Selbstfürsorge. Natürlich dient nicht die Erkrankung selbst dem Gemeinwohl, sondern dass jemand etwas dafür tut, wieder gesund zu werden.

Egal, ob man sich wegen einer Erkältung oder etwas Schlimmerem daheim auskuriert. Oder bei Bedarf zum Arzt, ins Krankenhaus oder in eine Rehaklinik geht oder ambulante Therapien macht.

Zum Beispiel Schulungen, Kurse, Lektüren, Selbsthilfegruppen, z.B. um den Umgang mit chronischen Erkrankungen zu erlernen, können ebenfalls dazu beitragen, dass jemand wieder seinen Aufgaben nachgehen kann, ohne die eigene Gesundheit oder die anderer zu gefährden.

Dazu gehört auch, seine Mitmenschen nicht mit eigenen Erregern zu beglücken, weil man heroisch kollegial sein möchte und krank arbeiten geht.

Ich habe auch schon Menschen kennengelernt, die erst nach ihrem Herzinfarkt gemerkt haben, dass das Leben im Unternehmen auch ohne sie weitergeht. Mit mehr Selbstfürsorge im Vorfeld könnte man solche einschneidenden gesundheitlichen Ereignisse möglicherweise eher vermeiden.

Leben ist kostbar, auch unser eigenes. Sollten wir nicht etwas pfleglicher damit umgehen?

Auszeiten/ Sabbaticals

Auszeiten können einem erlauben, sich aus einer bestehenden Form zu leben zurückzuziehen und darüber mit einem gewissen Abstand nachzudenken. Oder einfach etwas ganz anderes zu tun, etwas, das man gegebenenfalls schon lange tun wollte.

Häufig stoßen die Personen dabei auf Interessen und Fähigkeiten in sich selbst, die ihnen zuvor nicht bewusst waren. Im Ergebnis leben sie im Anschluss daran oft ein völlig anderes, selbstbestimmteres Leben mit höherer Lebensqualität und -Zufriedenheit.

Was den Nutzen für die Allgemeinheit angeht, kann eine Auszeit wie ein „Hobby" in einem größeren zeitlichen Rahmen sein.

Wer eine Auszeit zur neuen Ausrichtung seines Lebens in Bezug auf Sinnhaftigkeit benötigt, bei dem ist der Nutzen ebenfalls klar. Denn dies beinhaltet immer auch die Ausrichtung innerhalb der menschlichen Gemeinschaft: herauszufinden, wo man sich in ihr verortet und was man zu ihrem guten Funktionieren beitragen möchte und kann.

Steckt man in einer Sackgasse bei der Lösung eines Problems oder Konflikts, kann der bewusst gewählte Abstand direkt zum Erkennen möglicher konstruktiver Lösungen führen.

Lernen

Auch beim Lernen sehe ich mehrere mögliche Punkte. Zum Beispiel Schule, Ausbildung, Studium, Fort- & Weiterbildung, also jede Art von Wissenserwerb, Lernen und Üben. Schließlich kommen diese dem Gemeinwohl zugute, sobald die Person dadurch befähigt ist, ihre Talente, ihr Wissen und ihre Fertigkeiten mit für andere mit einzubringen. Lernen ist sozusagen eine Investition in die Zukunft.

Da die Neurobiologie heute weiß, dass Kinder ununterbrochen lernen, nicht nur in Schule und Kindergarten, zähle ich zumindest die gesamte Kindheit dazu.

Außerdem gibt es auch sehr viel ungesehenes autodidaktisches Lernen in der Gesellschaft.

Im Übrigen würde ich auch die Forschung und Entwicklung hier mit ansiedeln.

Denn wo wären wir heute ohne eine ordentliche Portion Erfindergeist, den Mut und das Durchhaltevermögen, auch nach Fehlschlägen nicht aufzugeben, sondern unverdrossen weiterzumachen bis zum Erfolg?

Wir könnten nicht einmal laufen.

Auch jeder Misserfolg ist eine Erfahrung, die uns weiterbringt, ein notwendiger Lernschritt.

Selbstversorgung

Zur Selbstversorgung zähle ich nicht nur z. B. den Anbau von Obst und Gemüse für den Eigenbedarf oder die Haltung von Nutztieren für denselben Zweck. Als es noch nicht das ganze Jahr über Erdbeeren im Supermarkt gab, wussten die Leute auch noch, wie sie ihre selbst erzeugten Lebensmittel für den Winter konservieren konnten.

Betrachtet man Selbstversorgung im weiteren Sinne von „sich selber zu helfen wissen", dann gehören dazu auch alle zu diesem Zweck selbst verrichteten handwerklichen Tätigkeiten, z. B. Reparatur- und Renovierungsarbeiten. Oder Gegenstände, die man selber herstellt, obwohl es sie auch zu kaufen gäbe: Möbel, Kleidung, fertige Mahlzeiten, Backwaren, Brot...

Ebenso würde ich den Bau eines eigenen Hauses dazu rechnen. Egal, ob man „nur" an der Planung mitbeteiligt ist oder direkt Hand bei verschiedenen Gewerken während des Baus mit anlegt.

Dasselbe gilt für alle Arten von Papierkram, private Eventplanung und -Vorbereitung und anderes mehr.

Okay, alles gut und schön. Aber was trägt all das bitte zum Gemeinwohl mit bei, wo es doch für einen selber ist? Vor allem ist es eine Frage der Nachhaltigkeit.

Nicht nur für Kinder ist es hochinteressant und lehrreich, z. B. einen praktischen Einblick in die Produktion natürlicher Lebensmittel oder von Gebrauchsgegenständen zu erhalten.

Wer schon mal selber Lebensmittel hergestellt hat, wirft gewiss nicht soviel davon weg wie jemand, der aufgrund mangelnder Erfahrung auf diesem Gebiet kein Gefühl für den Arbeitsaufwand hat, den es bedeutet, diese zu erzeugen.

Wer sich schon mal um Nutztiere gekümmert hat, isst mit Sicherheit auch nicht mehr so leichtfertig billigstes Fleisch in großen Mengen.

Aus bewusst gekauften hochwertigen Materialien selbst nach Maß gefertigte Kleidung landet bestimmt nicht so schnell auf dem riesigen globalen Klamottenmüllberg in der Atacamawüste in Chile.

Die Wertschätzung für selbst Hergestelltes ist höher, da es die eigene Mühe, Zeit und Geld gekostet hat, man geht sorgfältiger damit um. Deshalb und auch weil die Qualität von mit Sachverstand selbst gebauten oder sonst angefertigten Dingen höher ist, halten sie länger und müssen nicht auf Kosten anderer Mitmenschen und der Umwelt „billig" nachproduziert werden.

Als weitere „Beiträge" fallen mir z. B. noch ein:

Das freiwillige Arbeiten von Hobbygärtnern an frischer Luft baut Stress ab, die Bewegung tut Körper und Seele gut. Gesund ist auch der Verzehr von selbst erzeugtem und frisch geerntetem Gemüse oder Obst, das ohne Einsatz von Giftstoffen wachsen konnte und bei welchem man aufgrund der zeitnahen Ernte noch vom Vorhandensein von Vitaminen reden kann. Die Stärkung der eigenen Gesundheit entlastet das Gesundheitswesen.

Menschen, die sich „selbst versorgen", haben oft etwas, wovon sie auch anderen abgeben können und es auch gerne tun. Außerdem sind sie durch ihr Wissen, ihr Können und ihre Erfahrung imstande, auch anderen zu helfen und tun das häufig auch. Und: Was man selber macht, braucht kein anderer für einen zu tun.

Die Vorteile

Erstens: Beim Start des Systems bekäme jede Person eine ihrem Lebensalter entsprechende ähnliche Basis an Zeitguthaben. Als Grundlage für die Berechnung dienen Zeitaufwände für Lohnarbeit, Sorgearbeit, Selbstversorgung und Lernen, von denen man Ausgaben für Essen, Kleidung, Wohnen usw. abzieht. Im Prinzip hätte also jeder die gleiche Ausgangsbasis.

Wie exakt und individuell die Berechnung sein soll, sollte die Gemeinschaft entscheiden.

Je präziser, desto höher der Aufwand, aber auch gerechter die Berechnung. Je großzügiger und „pauschaler" die Berechnung, desto ungerechter das Ergebnis.

Manches lässt sich im Nachhinein auch schwer „beziffern", man hat ja auf Vieles nie geachtet.

Es geht um die Rahmenbedingungen. Was jemand dann daraus macht und wie erfolgreich er dann seine Existenz lebt, bleibt seine eigene Verantwortung.

Zweitens: Berufe würden nicht mehr gewählt, weil sie mehr Geld bringen, sondern weil man sich dazu hingezogen fühlt aufgrund seiner Fähigkeiten und Talente. Und weil sie gebraucht werden und daher echten Sinn spenden.

Aus diesem Grund wäre es auch nicht mehr so wichtig, sich von anderen durch den Verdienst abzuheben. Tut jeder beruflich das, was er am besten kann und gerne mag, dann tritt der „Verdienst" in den Hintergrund. Und niemand leidet aufgrund seines Berufes, den er „nur" wegen des Einkommens, des Status und der „Sicherheit" gewählt hat.

Autorität und „Hierarchie" entstünden nicht mehr vorrangig durch ein Mehr an finanziellen Mitteln, sondern auf natürliche Weise durch gelebte menschliche und fachliche Kompetenz.

Drittens: Azubis und Studenten könnten sich ohne existenzielle Not voll auf ihre Ausbildung bzw. ihr Studium konzentrieren. Ihre gesellschaftliche Herkunft würde eine geringere Rolle spielen.

Kein Student müsste neben dem Studium einer „Lohnarbeit" nachgehen, es sei denn, er möchte das, weil es für seine Entwicklung in dem von ihm angestrebten Beruf gut ist.

Es gibt da auch so ein Gehakel zwischen Leuten mit normaler Ausbildung und Akademikern. Letztere wollen ihren hohen Verdienst auch mit der langen unentgeltlichen Studienzeit begründet wissen, da Auszubildende heutzutage sofort Lehrgeld beziehen. Auch dieser Konflikt entfiele komplett.

Und wer irgendwann auch in späteren Lebensjahren einen neuen Beruf erlernen oder sich weiterbilden möchte, könnte das jederzeit tun, ohne dadurch seinen Lebensunterhalt zu riskieren.

Viertens: Junge Menschen könnten durch ihre Zeitbasis jederzeit gut ins Leben starten.

Fünftens: Forscher könnten rein der Wissenschaft verpflichtet forschen und müssten nicht mehr um ihren

Lebensunterhalt und die Fortsetzung ihrer Arbeit bangen, weil Fördergelder nicht verlängert werden.

Sechstens: Wegfall finanzieller Abhängigkeiten jeglicher Art. Das bedeutet, dass durch die angerechneten Zeiten ein Arbeitsplatzverlust, eine Scheidung oder der Tod von Partnern, dauerhafte Krankheit, Behinderung oder der Renteneintritt o.ä. nicht mehr existenzbedrohend wären. Jeder würde durch sein eigenes Tun Sicherheit für sich selbst schaffen, ohne dass er dafür einem anderen etwas wegnehmen muss. Ohne komplizierte Strukturen, Anträge, Kontrollen, Auflagen...

Jemand, der z. B. seinen Arbeitsplatz verliert, müsste also keine Not leiden. Es gäbe genügend andere Tätigkeiten, die zu seinem „Einkommen" beitragen können – vielleicht würde sogar ein neuer „Job" draus.

Wer krank ist, bekäme diese Zeit trotzdem gutgeschrieben. Wer alt ist, würde u. a. von seinem Guthaben zehren. Wer wegen Krankheit oder Gebrechlichkeit stark hilfsbedürftig ist, dem würden je nach dem Grad seiner Erkrankung Leistungen einfach gar nicht oder geringfügiger von seinem Zeitguthaben abgezogen.

Betteln oder gefühlte tausend Anträge stellen oder sich um Fördergelder bewerben, bräuchte hier jedenfalls niemand mehr.

Wer hat schon Energie für „ewige" Anträge und die Erbringung der Nachweise, dass er nicht simuliert usw., wenn er wirklich krank ist oder der Pflege bedarf! Solche zusätzlichen Qualen fielen dann komplett weg.

Es gäbe auch niemanden mehr, den man bezichtigen könnte, schuld daran zu sein, dass wenig Geld für wichtige Projekte zur Verfügung steht. Auf allen Ebenen: privat, kommunal usw.

Siebtens: Auf Steuern und

Achtens: jegliche komplizierte staatliche oder private Absicherungssysteme könnte komplett verzichtet werden.

Der Staat könnte sich noch mehr darum kümmern, benötigte Wohnungen, Bildungs- & Gemeinschaftseinrichtungen in ausreichender Zahl zu bauen, die Deckung von Bedarf an jeglicher Infrastruktur zu gewährleisten, Dienstleistungen für Bürger anzubieten usw. Also seiner vornehmsten Aufgabe nachzukommen – dem Gemeinwohl zu dienen. Endlich ohne Geldnot wäre das Potenzial riesig.

Außerdem wäre das der Zeitpunkt, den Menschen mehr Selbstverantwortung zuzutrauen, viele Überregulierungen abzuspecken und mehr Freiheit zuzulassen.

Das würde die intrinsische Motivation vieler Menschen, also das Handeln aus eigenem Antrieb in sehr Vielem fördern. Und den Staat entlasten.

Wie gesagt, es geht um die Verbesserung der Rahmenbedingungen für alle.

Neuntens: Mit der Einführung dieses Systems wären alle Länder und Personen sofort komplett entschuldet.

Zehntens: Globalisierung fände eher auf gleicher Augenhöhe statt, Ausbeutung aller Art würde die Basis entzogen, unfreiwillige Migration nähme ab.

Elftens: Überflüssiges fiele weg.

Industrie und Handwerk, die bisher dem Credo des ständigen Wachstums unterlagen, könnten sich darauf beschränken, in hochwertiger Qualität das herzustellen und wirklich zu verbessern, was alle tatsächlich zum Leben und für eine gute Lebensqualität benötigen.

Nicht mehr – und nicht weniger.

Müssen wir nicht zwanghaft künstlich neue Bedürfnisse erschaffen, macht sich das auch für Umwelt und Klima positiv bemerkbar.

Und durch weniger Stress für die Menschen.

Ganz im Allgemeinen finde ich, Systeme und Regelungen sollten lebendig und elastisch sein und den natürlichen Lernprozess der Individuen der verschiedenen Gesellschaften widerspiegeln.

Daher sollten sie sich auch immer wieder den Umständen und der ethischen Entwicklung entsprechend mit dem Einverständnis der Gemeinschaft „verjüngen" und verbessern können.

Denn sie sollten stets allen Menschen dienen und helfen und nicht umgekehrt.

Es gibt Regeln, die zu einem Energiesparmodus und einem Einengen des Denkens führen und es gibt Regeln, die echten Freiraum für die Entwicklung von Eigeninitiative, Kreativität, Lösungskompetenz und Begeisterung gewähren.

Welche davon könnten unsere Lebensqualität erhöhen und warum?

Fragen

Einladung zur Bummelei?

Würde die reine Bewertung einer Arbeit nach Zeit-aufwand nicht zur Bummelei einladen?

Möglicherweise – z. B. wenn jemand seinen Beruf nicht gerne ausübt. Normalerweise freut man sich doch, eine Arbeit erfolgreich fertigzustellen und dem Kunden übergeben zu können.

Wenn sich herumspricht, dass jemand übermäßig lang („Bummelei") für eine Arbeit braucht, und vielleicht trotzdem in unzureichender Qualität, dann reguliert der Markt das von alleine.

Wer eine Arbeit ungern macht, wird auf Dauer keine Aufträge mehr dafür bekommen.

Zeit, sich etwas zu suchen, das ihm mehr Freude bereitet! In Not geriete von einer solchen Suche dann jedenfalls niemand mehr.

Anmerken möchte ich jedoch, dass auch heute z.B. qualitativ gute Handwerksarbeit mehr Zeit, also mehr Geld kostet. Auch viele Wissensberufe brauchen Zeit zur Entwicklung und Ausreifung von Ideen.

Meine persönliche Wahrnehmung geht im Allgemeinen dahin, dass wir insgesamt eine völlig neue Haltung allen Arten von Arbeit gegenüber entwickeln würden. Viel von der heute gelebten, aufgeblähten, in Wirklichkeit unnötigen Aktivität würde wegfallen, da es den chronischen Zwang zur Steigerung von Renditen nicht mehr gäbe. Für alles Nötige wäre also mehr Zeit als zuvor, sodass wir das, was wir tun, intensiver, konzentrierter und entspannter erledigen und mehr Freude dabei haben könnten.

Das Ende beruflicher Tätigkeit?

Würden die Menschen bei Einführung eines solchen Systems nicht komplett aufhören, in ihren Berufen zu arbeiten, die jetzt die Basis für ihren Lebensunterhalt darstellen, weil kein finanzieller Anreiz mehr dafür besteht?

Man kann das zwar nicht gleichsetzen, aber aus den bisherigen Erfahrungen mit dem bedingungslosen Grundeinkommen[12], das u. a. seit Jahren in einem Berliner Projekt getestet wird, hat man gesehen, dass die Menschen keineswegs aufhören zu arbeiten, wenn sie ein Grundeinkommen haben. Denn Menschen MÖCHTEN gerne auch außerhalb ihres familiären Umfelds aktiv sein und etwas schaffen und erschaffen. Auch die Projekte in Afrika und Kanada haben das gezeigt.

Aber vielleicht findet jeder eher heraus, was für ihn persönlich tatsächlich von Bedeutung ist, sobald nicht mehr das Geld der zentrale Punkt des gesamten Lebens ist und über die Lebensqualität und die soziale Bewertung einer Person entscheidet.

Weshalb sollte eine gut zu den Fähigkeiten einer Person passende und sinnstiftende berufliche Tätigkeit nicht dazu gehören?

Es gäbe zwar keinen finanziellen Anreiz mehr, Berufe auszuüben. Aber viele Berufe würden weiter benötigt. Jeder möchte essen, wohnen und etwas zum An-

---

12 www.mein-grundeinkommen.de

ziehen haben, und jeder möchte auch gerne, dass die etablierten Infrastrukturen funktionieren oder sich verbessern, um nur einige Beispiele zu nennen. Sinnstiftende Tätigkeiten hätte es also wie Sand am Meer.

Ich glaube, es würde sogar neue Berufe geben – entdeckt und entwickelt von Leuten, die sie lieben. Und Berufe, die so keiner mehr brauchen würde, brächten ihr Wissen in aktuelle Bereiche ein oder verschwänden.

Freundschaften?

Würde es nicht aus der Gesellschaft eine weniger verbindliche machen, wenn niemand mehr anderen etwas schuldet?

Erstens: Wenn einem jemand hilft, kann man trotzdem dankbar dafür sein und sich auch erkenntlich erweisen, sofern es möglich ist. Dass sich jeder durch seine selbst investierte Zeit „finanzieren" würde, bedeutet ja nicht, dass die Menschen einander nicht mehr brauchen, – im Gegenteil.

Wie schon im Kapitel „Was ist Leistung" gesagt, gibt es seit jeher Dinge, die man durch kein Geld der Welt aufwiegen kann. „Menschlichkeit" und „Freundschaft" gehören dazu.

Zweitens: Was die Qualität von Beziehungen im Allgemeinen betrifft, so reden wir hier doch hauptsächlich über finanzielle Abhängigkeiten.

Mal ehrlich, wer braucht schon Freunde, die das nur sind, weil sie das Geld oder der daraus resultierende Einfluss interessiert, die man hat?

Vielleicht entstehen auf diese Weise eher wirkliche Freundschaften, die nichts mit Gefälligkeiten, Status oder ähnlichen Vorteilen zu tun haben, sondern tatsächlich der natürlichen persönlichen Sympathie und den Gemeinsamkeiten geschuldet sind?

Umgang mit natürlichen Ressourcen?

Die einen haben natürliche Rohstoffe, andere nicht. Gibt es da irgendeine gerechte „Zuteilung" oder wie soll das gemanagt werden?

Rohstoffe können je nach Entscheidung der lokalen Gemeinschaft wie zuvor gefördert und bei Bedarf auch in andere Länder geliefert werden. Wie schon erläutert, kosten sie den Endabnehmer des daraus gefertigten Produkts aber nur noch die investierte Arbeitszeit.

Wird etwas knapp, dann ist es an der Zeit, sich nach Alternativen umzusehen. Dass dieses System die Entgeltlichkeit von Rohstoffen beendet, ändert nichts an der Notwendigkeit ihrer sorgsamen Verwendung. Wir sitzen als Menschheit in einem riesigen Boot, Erde genannt. Ihre Ressourcen sind naturgemäß endlich. Es liegt an uns, das Boot nicht kentern zu lassen, also zuzusehen, dass man hier auch gut leben kann. Und zwar alle und jetzt!

Das reale Leben findet im Hier und Jetzt statt – der Longterminismus[13] ist eine Illusion.

---

13 Idee, nach der menschliche Existenz in Tausende, ja, Millionen von Jahren in die Zukunft gedacht werden soll, inkl. Expansion in viele Galaxien. Heutige Probleme sind also irrelevant. Deshalb stellt die praktische Umsetzung der Idee ggfs. auch auf Kosten der heute Lebenden für ihre Vertreter höchstens eine Art „nötiges Opfer" dar.

Unser Planet hier ist eine Wucht – wir könnten es hier als Menschheit sehr schön haben.

Umgang mit Eigentum?

Wenn ein solches System startet, dann erhält zwar jeder die „gleiche" altersentsprechende Basis an Zeitguthaben. Aber was geschieht mit dem Eigentum der Menschen? Manchen gehören viele Immobilien oder andere wertvolle Gegenstände. Sie sind vorher reich und bleiben es auch danach.

Oder was geschieht mit Betriebsgebäuden?

Kann man Eigentum vererben?

Dass Zeitguthaben nicht vererbbar sind, ist hoffentlich klar – die Zeit eines Menschen ist nicht übertragbar. Sie gehört zu seinem Leben dazu. Endet dieses, dann endet auch seine Zeit und alles, was er an Guthaben davon nicht verbraucht hat.

Darüber hinaus bin ich der Meinung, bis auf das Thema Grund[14] muss sich an den Eigentumsverhältnissen nichts ändern. Auch ob jemand etwas geerbt hat oder vererben möchte, ist doch sein eigenes Bier.

Aber wir dürfen nicht vergessen: Mieter „bezahlen" zwar für die Nutzung des Wohnraums, aber der Eigentümer bekommt das nicht mehr gleichzeitig gutgeschrieben, er hat also nichts mehr davon. Er selbst bekommt ja nur Zeiten gutgeschrieben, die er selbst z. B. in einen Bau investiert – und zwar in Gegenwart und Zukunft, nicht in der Vergangenheit. Sämtliche Leistun-

---

14 Siehe z. B. Seite 22

gen aus der Vergangenheit sind durch das Grundguthaben bereits abgegolten.

Was die Kosten für den Bau und Erhalt z. B. von Immobilien betrifft, würde ich generell zwischen privatem Eigentum und Betrieben unterscheiden.

Selbst genutzte Immobilien z. B. gehören zum Privateigentum, man muss anfallende Kosten also selber tragen. Wer seine Immobilie vermietet, hat sozusagen einen Betrieb. Und hier würde auch das gelten, was bei der Herstellung von Produkten gilt – nur der „Endkunde", in diesem Fall also der Mieter, „bezahlt" sämtliche für die Herstellung angefallene Zeit für das Produkt.

Der Umgang mit Zeitaufwänden für Reparaturen, Sanierungen usw. ist bereits im Kapitel „Preisermittlung" behandelt. Aber wie gesagt, die Eigentümer haben auch davon keine besonderen Einkünfte mehr, abgesehen von der Zeit, die sie selbst in die Organisation dieser Sanierungen usw. investiert haben.

Dasselbe gilt für Betriebsgebäude. Der Zeitaufwand für Bau und Erhalt gehört zu den Betriebskosten. Der Eigentümer kann diese auf den Preis des Endprodukts umlegen – er selbst braucht ihn nicht zu „bezahlen".

Bewertung reiner Freizeitaktivitäten?

Sollte man Freizeitaktivitäten echt anrechnen?

Diesen Einwand haben bestimmt viele. Schließlich besteht z. B. eines der Hauptargumente der Gegner eines Grundeinkommens darin, dass Menschen von Natur aus faul sind und „ohne Druck" gar nichts mehr tun wollen.

In der Tat haben erstens nicht alle Gesellschaften der Welt eine lutherisch begründete Arbeitsmoral, die von jedem verlangt, eine Art „Religion" aus der beruflichen Tätigkeit zu machen. So interessant und wertvoll der Denkansatz ist (z. B. „Berufung"), so leistet er bisher auch vielem Übel Vorschub, z.B. dem Missbrauch der Arbeitskraft von Menschen hauptsächlich zum Wohl Einzelner. Zweitens war „Arbeit" früher etwas, dem man nur nachging, wenn man musste, und daran war nichts Falsches. Drittens hat „energiesparend" leben zu wollen, auch einen „legitimen" und sogar biologisch begründeten Aspekt.

Wer aber etwas mit Liebe, Begeisterung und Hingabe tut, ist nicht „faul". „Faul" ist entweder jemand, der schlicht eine Pause braucht. Oder krank ist. Oder jemand, der aus unterschiedlichsten Gründen keine Ahnung hat, was er hier in diesem Leben überhaupt tun soll. Statt jeglicher Art von Verurteilung bedarf so jemand des geduldigen Supports, um die Ursachen davon in Ordnung zu bringen und es herauszufinden.

Ich bin daher sicher, auch für diese Frage nach der Bewertung reiner Freizeitaktivitäten gibt es bestimmt eine kluge Lösung ohne großen Aufwand.

Zum Beispiel, dass man bestimmte Freizeitaktivitäten nur zu einem gewissen Prozentsatz notieren kann oder erst dann, wenn sich herausstellt, dass der Zeitaufwand auch für die Gemeinschaft „nützlich" war...

Ich glaube, ist das Prinzip verstanden, so lässt sich mit gutem Willen immer eine praktikable und sinnvolle Lösung finden.

Mit Volldampf voraus ins Chaos?

Bräche nicht das totale Chaos aus, wenn das System eingeführt würde?

Theoretisch bräuchte sich am Berufsalltag nichts zu ändern. In der Praxis würde sich aber vermutlich schonungslos zeigen, wer „nur" in Lohn und Brot steht, weil er „muss" und wer seine Arbeit gerne und mit Überzeugung macht. Außerdem fielen so einige Berufe weg.

Vielen fällt es jedoch leichter, einer „vorgegebenen" Arbeitsroutine zu folgen, als sich komplett selbst überlassen zu sein. Sie sehen dann keine anderen, in ihren Augen „relevante" Aufgaben, langweilen sich und fühlen sich überflüssig und „unnütz".

Vorstellen könnte ich mir trotzdem, dass es für jene, die gegenwärtig unfreiwillig keiner Lohnarbeit nachgehen, erst einmal eine riesige Erleichterung darstellen würde, jetzt auch von bisher unbezahlter Arbeit aus eigener Kraft den eigenen Lebensunterhalt bestreiten zu können. Mehr noch, ich glaube, „Langzeitarbeitslose" würde es auf Dauer auch aus einer ewigen inneren Lähmung befreien, sie beflügeln und inspirieren und ihnen Wege in andere Beschäftigungen aufzeigen.

Es kann erforderlich sein, sie dabei zu begleiten, damit sie neue Perspektiven entwickeln können.

Dasselbe gilt für Menschen, die durch den Wegfall ihrer Hauptmotivation, dem Verdienst von (möglichst viel) Geld, nicht wissen, was an dessen Stelle für sie Sinn machen würde.

Menschen, die jetzt in prekären oder ungeliebten Jobs feststecken, könnten sich davon befreien.

Insgesamt denke ich, es würde zu einer Verschiebung von Tätigkeiten führen, die bisher „kostenlose" Arbeit viel mehr in den Vordergrund rückt und sie so sichtbar macht, wie sie es verdient.

Denn auch diese Arbeit tut dringend Not, weit mehr, als sie jetzt aus Zeitmangel realisiert werden kann[15]. Es geht dabei nicht darum, dass Laien die Arbeit der „Profis" übernehmen, sondern darum, die „menschliche" Lücke zwischen dieser und den Menschen zu schließen, um die es geht. Ich glaube allerdings auch, mehr Zeit für Menschlichkeit verringert den Bedarf an professioneller Arbeit z.B. im medizinischen oder pflegerischen Bereich.

Insgesamt nehme ich an, ein Systemwechsel würde einen großen gesellschaftlichen Umbruch bewirken, der am Anfang durchaus chaotisch verlaufen kann.

Aus diesem Grund wäre es vermutlich sinnvoll, vor einer Einführung Arbeitsgruppen auf kommunaler Ebene zu bilden, in denen die Menschen gemeinsam darüber nachdenken, welche Auswirkungen das System auf ihr persönliches Leben haben wird, und planen, wie es danach konkret weitergeht. Wichtig ist die Aufrechterhaltung der Infrastruktur und der Grundversorgung sowie die Vernetzung der Arbeitsgruppen untereinander.

Was nötig ist, damit alles weiter funktioniert, wird sich ziemlich schnell herausstellen. Und wie wichtig jeder Einzelne für das Funktionieren der Gemeinschaft ist. Wer was tut und wozu, kommt zur Sprache. Es

---

15 Siehe Kapitel „Folgen für die Globalisierung"

kommen auch Themen auf den Tisch wie: Wer sollte sich mit etwas plagen, das niemand wirklich braucht? Was tun jene, deren Aufgaben wegfallen? Usw. Die Lösungskompetenz jedes Einzelnen ist gefragt und wird auch gewürdigt.

Alles in Allem glaube ich daher, das kann zu einer positiven Aufbruchsstimmung führen und zur Entwicklung eines starken Gemeinschaftsgefühls.

Wenn jemand ausfällt, z.B. weil er seine beruflichen Aktivitäten im Zug des „Neustarts" neu ausrichtet, ist es auch eine Frage der Qualifikation, ob wer einspringen kann. Vielleicht besteht die Möglichkeit, sich auf eine Art Übergangsphase zu einigen, bis andere angemessen ausgebildete Menschen die Aufgaben übernehmen können, weil sie das wirklich gerne tun.

Fällt mangels „lohnendem Geschäft" die Motivation privater Unternehmer weg, z.B. Häuser zu bauen oder sich um andere nötige Aufgaben zu kümmern, muss das künftig eben die Gemeinschaft selber organisieren.

Schlusswort

Es glaube niemand, es habe nichts mit uns zu tun, wenn es anderen Menschen schlecht geht, auch in anderen, eventuell ach so fernen Ländern.

Oder dass UNS doch so etwas nie ereilen könnte. Fluten und Tornados halten auch bei uns Einzug, Landwirte haben Ernteeinbußen und Bäume vertrocknen wegen des Wassermangels, Wälder brennen ab. Auch in Europa gibt es wieder Krieg, samt seiner Barbarei und allen Grausamkeiten und sonstigen Folgen. Demokratische Systeme stehen nicht nur auf dem Prüfstand. Sie müssen sich auch gegen das vielerorts zunehmende bzw. sich wieder offener zeigende, nicht verhandelbare Selbstverständnis vom archaischen, lang überwunden geglaubten „Recht des Stärkeren" zur Wehr setzen, um auch auf Dauer als solche zu überleben.

Also im Gegenteil – schaut man, wie Menschen mancherorts leben müssen, dann sieht man, wie viel schlimmer es noch werden könnte.

Muss es aber nicht.

Ob jene, die für alle ein gutes, menschenwürdiges Leben herbeisehnen, die kritische Masse erreichen, um dies bewirken zu können, liegt an jedem von uns.

Denn so übermäßig naiv er auch klingen mag, dies ist der wichtigste Wunsch überhaupt:

Mögen alle Wesen glücklich und in Frieden sein.

Mein erster Umsetzungsversuch dieser Idee war ein Roman, in dem die Menschen dieses System nach einer kompletten globalen Zerstörung von Anfang an etablieren. Die Fertigstellung dieser Geschichte steht zwar noch aus. Aber in Anbetracht der schwierigen existenziellen Lage vieler Menschen weltweit hatte ich das Bedürfnis, die Idee an sich zeitnah zu teilen.

Im Gegensatz zur Situation im Roman funktionieren die Wirtschafts- und Sozialsysteme auf der Welt heute zwar; oft jedoch nur dank hoher Schulden. Außerdem gibt es je nach Land und Region eklatante Unterschiede hinsichtlich ihrer Existenz und Qualität.

Je weniger sie funktionieren und je weniger komplex die Organisation des Lebens vor Ort ist, desto eher dürfte die Vorstellung einer Umsetzung dieser Idee gelingen.

Sollten z.B. die gigantischen globalen Schuldenblasen einmal platzen, wäre spätestens das die Gelegenheit, einen echten Entwicklungsschritt zu wagen. Nicht auszudenken, was geschieht, wenn die Staaten bankrott gehen, ohne echte Alternative danach! Wollen wir dieses Chaos und Leid wirklich, obwohl es nicht nötig wäre? Nur, weil wir partout auf althergebrachten Denkweisen beharren wollen?

Dass ich weltweit immer wieder Menschen egal welchen Bildungsgrades entdecke, die praktikable Lösungen für existenzielle Probleme ersinnen und diese mit viel eigener Arbeit oft auch gegen großen „Gegenwind" erfolgreich umsetzen, uneigennützig ihr Wissen teilen, nach Alternativen für Vieles suchen, viel Neues ausprobieren und Gemeinwohlprojekte realisieren, beflügelt mich und macht mir Hoffnung.

Denn die Wahrheit ist, wie auch immer die Zukunft aussehen mag, – sie kommt nicht einfach so, wir erschaffen sie.

Mit unseren Taten.

Schlusswort der 2. Auflage

Die erste Auflage stieß auf Interesse, Zuspruch sowie auf erwartbare und verständliche Einwände.

Dieses System stellt so ziemlich alles radikal auf den Kopf, was die meisten von uns gelernt haben.

Ich erwarte daher nicht, dass jeder es gleich nachvollziehen kann. Man muss sich Zeit nehmen, um etwas derart Neues zu verstehen und auch als „gerecht" wahrnehmen zu können. Je länger und tiefer ich das Konzept selbst durchdachte, um überhaupt weiterschreiben zu können, desto überraschter stellte ich ein ums andere Mal fest, dass das, was ich für die Umsetzung für ein Problem gehalten hatte, dann – theoretisch wenigstens – gar keines mehr wäre.

Auch wenn sie sich nur mit der Lösung eines Problems von vielen befasst, hat diese Idee daher zu einer wachsenden Begeisterung meinerseits geführt.

Es würde mich freuen, wenn es Menschen gäbe, die sie nicht von Haus aus als „total gspinnert" und „absurd" verwerfen, weil sie ganze Wertesysteme über Bord wirft. Wir brauchen die Sichtbarkeit wirklicher, menschlicher Werte, neue Wege und neue Ideen – diese hier könnte eine Basis oder zumindest eine Anregung oder Inspiration für etwas sein, das wirklich hilft.

Die Umsetzung einer solchen Idee könnte vielleicht mehr Zeit und Energie befreien, um unsere echten Herausforderungen zu meistern wie z.B. die Erschaffung menschenwürdiger Zustände überall, die ökologisch vertretbare Erschließung von Ressourcen sowie die Forschung für Alternativen dazu, vor allem jedoch die Weiterentwicklung unserer menschlichen Ethik usw.

Denn letztlich gestaltet jeder von uns durch seine eigenen ethischen Werte die Umstände dieser Welt selbst mit, nicht umgekehrt. Jeder in seinem persönlichen Umfeld bzw. Radius. Bewusste Menschlichkeit beginnt bei der Menschlichkeit des Individuums.

Ein Teil der Einwände zu diesem Buch beruht auf

unserem Menschenbild, das vielerorts eine negative Grundlage hat – die Wahrnehmung, dass der Mensch von Grund auf „sündhaft und schlecht" ist. Leider hat diese Wahrnehmung an sich noch niemanden zu einem „besseren" Menschen gemacht – im Gegenteil.

Auch die hier vorgestellte Idee ändert per se niemanden.

Ich glaube unter anderem an die Neurobiologie und daran, dass wir Menschen vor allem unseren bewussten und unbewussten Bedürfnissen folgen.

Im negativen, aber auch im positiven Sinn.

Wir Menschen sind nicht fehlerfrei. Nur wird man niemandem erfolgreich „aufoktroyieren", gefälligst „an sich zu arbeiten" und sich zu „ändern". Eine erste Grundlage für nachhaltige Veränderung ist, die konkreten Folgen unseres Verhaltens direkt zu erfahren bzw. zu erleben. Die zweite Grundlage dafür heißt Selbstbestimmung.

Menschen KÖNNEN eigene Trugschlüsse und Irrtümer erkennen und voller tiefem Mitgefühl und Selbstmitgefühl hinter sich lassen, – wenn sie es aus konkreten Gründen und freien Stücken selbst entscheiden, ja, das eigene tiefe Bedürfnis danach haben.

Also in Freiheit denken, fühlen und handeln dürfen.

Ich lese immer wieder von so einigen Menschen, die diese Menschheit und den Planeten Erde schon aufgegeben haben und denen daher alles egal ist.

Ich hingegen glaube, noch ist alles möglich.

Wenn wir nur wollen.